Karin Meszner

Herz tanz

Gedichte

novum pro

Bibliografische Information
der Deutschen Nationalbibliothek:

Die Deutsche Nationalbibliothek
verzeichnet diese Publikation in
der Deutschen Nationalbibliografie.
Detaillierte bibliografische Daten
sind im Internet über
http://www.d-nb.de abrufbar.

Alle Rechte der Verbreitung,
auch durch Film, Funk und Fernsehen,
fotomechanische Wiedergabe,
Tonträger, elektronische Datenträger
und auszugsweisen Nachdruck,
sind vorbehalten.

© 2021 novum Verlag

ISBN 978-3-99131-135-5
Lektorat: Thomas Ladits
Umschlagfotos: Gorgor7,
Devita Ayu Silvianingtyas,
Nikki Zalewski | Dreamstime.com
Umschlaggestaltung, Layout & Satz:
novum Verlag

Gedruckt in der Europäischen Union
auf umweltfreundlichem, chlor- und
säurefrei gebleichtem Papier.

www.novumverlag.com

Für meine Kinder
Christine und Florian

Inhaltsverzeichnis

HERZBRUCH

Mein Herz springt
aus dem Brustkorb,
meine eingelernten Sätze
aus den Rippen.
Meine zu späte Liebeserklärung
bleibt
auf der Zunge
angenäht,
mein Mut
in der Luft stecken.

Wortlos und behutsam
lege ich mein Leben
in deine Hände
und
hoffe,
dass du es
vor Freude
nicht zerdrückst.

STILLE I

Dein Schweigen ist
so laut,
dass es die Nacht zerbricht,
so schwer,
dass es Berge sprengt,
so leise,
dass es sich unter meiner Haut
einnistet
und
sich mit meinem Atem
paart.

STILLE II

Meine stille Liebe
war zu seidig
und zu leise
und reichte nicht,
um
deine Einsamkeit,
deine Träume,
dein Leben
lautlos
zu verschieben.

HANDEL

Der junge Morgen
hängt
am Haken der Nacht
und bittet um Vergebung,
da er wieder mal unerlaubt
all den Geschichten der Nacht
gelauscht hat
und sie jetzt
auf dem Markt
teuer verkauft.

MAIKETTE

Die junge, leichte Mailuft
wiegt unsere uralte,
faltige Liebe
und trägt unseren
gesprungenen Himmel.
Sie fädelt den Duft
der Maiglöckchen
auf einem Frühlingsfaden auf,
um unser großes Glück zu binden
und zu halten.

STRAFE

Meine Traurigkeit erweicht
unseren uralten Stein, der noch
unsere Initialen trägt
und
den die allmächtige Sonne
angebunden hat,
um ihn zu bestrafen,
da sein Stolz
sie blendete,
zu sehr
blendete.

MEER

Die Wellen glätten
die Stille
und
den Atem der Zeit.
Das Meer
sucht hilflos
das Land.

Das Blau des Himmels
bindet
mit einem grünen,
singenden Algenfaden
das gesprungene Meer
und die zerflossene Zeit
zusammen.

VERLUST

Ich ziehe mir
den sorgenlosen Himmel
über den Kopf
und zerbreche dabei
meine Träume.
Morgens stehe ich
barfuß da
und
sehe, wie
die Morgensonne
ausgehungert alle Scherben
aufsammelt
und mit ihnen
davonfliegt.

ÜBERFALL

Die sterbende Nacht
hält lauernd den Atem an
und
versteckt den weichen Morgen.
Sie will das Licht brechen,
um dann mit dessen Pfeil
die Schlafenden
mit all ihren Träumen
zu überfallen.

HERZWEH I

Dein humpelndes, krüppliges
Abschiedswort
zersplittert
mein junges Lächeln
und breitet sich auf
mein faltenreiches Gesicht aus.
Es liegt stumm
und schwer, tonnenschwer
da und
versenkt meine Haut
und
bohrt ein Loch
in mein Herz.

HERZWEH II

Das ausziehende Blau
des Himmels
beschützt
dich und mich
und
mich und dich
und
trägt
dich und mich
und
mich und dich
weit fort.
Nur
das triefende Blau
des Himmels
stopft das Loch
in unserem Herzen.

WEITSPRUNG

Deine Liebe löst
meine Einsamkeit
in Luft auf
und
meine Zärtlichkeit
springt
aus der Haut
und
meine Liebe
aus dem Herzen
und
umarmen dich.

WIEDERSEHEN I

Sie sitzen im Café
wie vor zehn Jahren.
Ihre vertrauten Blicke
und müden Hände
suchen sich
und
halten sich fest.
Sein jahrelang gewobenes Schweigen
durchsägt
den gläsernen Augenblick.
Ihr luftiges Lächeln
hebt das Sägemehl auf
und nimmt es mit.

Auf dem Tisch
bleiben
leere Tassen und Jahre.
Sie umarmen sich
wortlos
und
ziehen in die eiskalte, fragende Nacht.
Er sucht seine Jugend,
sie ihre Liebe.

MORGENLICHT

Barfuß
bricht der junge Morgen an,
seine weiße Stille tränt
in den moosigen Duft ab
und
löst schwerelos
die alternde Nacht ab.
Sein Violett
erlöst den schwangeren Himmel
von seinen verfrühten Wehen
und
von seinen morschen Träumen.

RÄTSEL

Kettet der Morgen
den Tau an
oder
der Tau den Morgen?

FRÜHSTÜCK I

Jeden Morgen
bereite ich dir
das Frühstück vor.
Eine Scheibe
Sonnenbrot
und
eine Tasse
Blumenduft.

FRÜHSTÜCK II

Jeden Morgen stehe ich
vor dem Spiegel
und
wasche mir die Einsamkeit
aus dem Gesicht
und
kämme mir
meine Sehnsucht
aus dem Haar.
Doch meine Träume
bleiben
an den Spitzen kleben
und
halten mich
fest umarmt.

UNRAST

Die Schatten
meines unsichtbaren Koffers
ziehen mich weiter
und weiter
und immer
weiter und weiter.

Wie oft und
wie sehr wünschte ich mir,
sie könnten Wurzeln schlagen
und mich
fangen
und mich
an dich
anketten.

WUNSCH

Ich hebe deinen Schatten auf
und binde ihn fest,
damit ich dich
immer
bei mir habe.

Ich hebe deine Stimme auf
und presse sie
in meine Zeilen,
damit sie meine Buchstaben
halten.

Ich hebe deine Schritte auf
und beschuhe sie,
damit sie nach Hause
finden.

Ich hebe deinen Schatten auf
und binde ihn fest,
damit ich dich
immer
bei mir habe.

FUND

Deine vergilbten Briefe
liegen vor mir
wie ausgegrabene Wurzeln.

Ich nehme sie
auf meiner langen Reise mit
und pflanze sie
heute noch
in meinen Herzen
ein.

GLÜCKSKARUSSELL

Unser Glücksrad
fuhr schnell,
zu schnell,
und wurde immer
schneller und schneller.

Wir konnten es
nicht halten,
nicht aufhalten
und fielen beide ab
und
unser Glück auch.

SCHWINDELFREI

Ich binde mein Lächeln
an das Grün der Zweige
und
an das Rosa der Knospen
fest,
damit sie das Blühen
nicht vergessen
und sich an ihren Farben
festhalten,
falls sie vom Frühling
schwindlig werden.

RITUAL

Jeden Morgen
färbe ich den Himmel
mit den Farben
meiner Sehnsucht
und knote die Wolken
zusammen,
fest zusammen,
damit sie sich nicht
verlaufen
und
hänge meine Wünsche
darauf.

DULDUNG

Die Traurigkeit ist
wieder mal
auf der Flucht.
Sie ist müde,
ausgehungert und
ausgedurstet.
Sie sucht sich ein Ziel:
mein Herz.
Sie setzt sich ab
ohne Visum,
ohne Pass,
macht sich bequem,
furcht sie ein,
zieht meine Haut ab.

Ich gebe ihr
eine Frist,
bis ich sie dann
an den Herbst
verschenke.

ZYKLUS

Der dunkle Himmel
hält alles
mit seinem farblosen Schweigen
zusammen:
die Häuser mit ihren Frauen,
die Männer mit ihren Geschichten.

Die brüchige Nacht
schnürt alles
mit ihrer kantenlosen Stille
fest:
die Frauen an ihre Häuser,
die Geschichten an ihre Männer.

Der unschuldige Morgen
löst alles
mit seinem fadigen Tau
auf:
das kantenlose Schweigen,
die farblose Stille,
die Häuser mit ihren Frauen,
die Männer mit ihren Geschichten.

BOTSCHAFT

Meine Buchstaben sind einsam
bis auf die Linien.

Meine Buchstaben sind nackt
bis auf die Knochen.

Meine Buchstaben sind Waise
bis auf meine Hände.

Meine Buchstaben sind frei
bis auf die Tinte.

WILLE

Ich will all deine Wege
von wurzelnden Steinen
weichtreten.

Ich will all deine Wege
von klebenden Albträumen
abstauben.

Ich will all deine Wege
von rostigen Sorgenfalten
ausbügeln.

Ich will all deine Wege
von tränengetränktem Boden
austrocknen.

Ich will all deine Wege
mit singenden Feldblumen
und
mit lachenden Tautropfen
übersäen.

BRANDMAL

Ich kämme mir
die schlaflose Nacht
aus meinem Haar
und
trage den ungeborenen Morgentau
auf mein Gesicht
und verbrenne den Duft meiner Träume
und
laufe gebrandmarkt
auf die noch gähnende Straße.

MORGENLAUF

Meine Einsamkeit
schäle und
schneide
ich klein.

Mein Gesicht wasche ich
in den Morgentau
und streife
mein singendes Blumenkleid
über.

Ich renne
auf die lachende Wiese
und stolpere
über einen jungen Sonnenstrahl
und hebe eine Hand voll Glück auf
und
mein Tag kann beginnen.

WINTERSCHUTZ

Mit der alten Winterschere
schneide ich dir
ein Stück
vergessene Herbstluft ab
und wickle sie
in rosigem Seidenpapier ein
und decke deine Seele zu,
dass sie überwintern kann.

LEICHTIGKEIT

Ihre Jugend,
ihre Leichtigkeit,
ihr Lachen,
ihr Lebensmut
zerschnitt die Nacht,
lähmte die Traurigkeit
und
legte sie in Ketten.

WARTEN

Die endlose Stille
hing wie ein vergilbter
Brautschleier
einer geplatzten Hochzeit
im Raum
und
sie stand verloren da
und klammerte sich
an das Warten,
Warten und Warten.

Die neue Stille dehnte sich
medusenartig aus
und suchte nach Schatten,
da die Glut des Wartens
aufloderte
und die ersten Löcher
in ihr Herz
einbrannte.

VERFÄRBUNG

Die Schwerkraft
deiner Liebe
verfärbte
meinen Himmel,
mein Lächeln
und
unsere Liebe.

MÄDCHENJAHRE

Schon als junges Mädchen
übte sie ihre Träume,
ihre wunderbaren Träume,
so lange
bis diese ihre Schuhe
anhatten
und
allein ausgingen.

SCHNEETANZ

Ein leichter, bleifarbener Himmel
streichelt
den milchglasigen Neuschnee.
Eine gleißende Sonne
liebkost
tanzende und singende
Schneesplitter
und
rollt ihnen den roten Teppich aus,
damit sie alle
ihre Liebesgeschichten
einweben.

TAGESANBRUCH

Glückstrunken
umarme ich
den unbeschuhten Tag
und
kämme meinen geköpften
Traum
aus den grauen Haaren.

SONNENSCHUTZ

Der zarte Frühling
fließt
aus den Bäumen
und deckt mich
mit seinem Grün zu,
damit die Sonne
mich nicht verbrennt.

HERBSTARBEIT

Die müde Herbstsonne
streichelt traurig
und umarmt kraftlos,
aber umso zärtlicher
die jungen und alten Bäume
mit all ihren Liebesträumen
und schnürt sie fest,
um glücklich
zu überwintern.

ONE-WAY-TICKET

Ein ganzes Leben
in Einzelteile zerlegen,
alle Wünsche zerhacken,
alle Sommer zerpflücken,
alle Blumendüfte konservieren,
alle Plätze demontieren,
alle Lieblingsmenschen fotografieren,
alle Begegnungen einbalsamieren,
alle Lieben mumifizieren
und den Rest
gefleddert, zerstückelt, zerbröselt
in eine Holzkiste packen
und
auf den leeren Zug,
auf ein neues Leben warten.

WO

ist unsere Liebe geblieben?
Ist sie unter die Räder gekommen,
als wir durchs Niemandsland fuhren?
Nein.
Unser langes, langes Schweigen
zog sein scharfes Beil
und zerlegte sie
in Stücke,
in viele, viele Stücke,
in kleine, kleine Stücke
und verschleuderte sie
an die kläffende Welt.

ARCHITEKTIN

Ich baue dir
ein Haus
aus bunten Glaswänden,
aus tanzenden Stahlträgern,
aus singenden Wortziegeln.
Große Sonnenfenster
schneide ich dir
aus dem ausgelassenen Frühling heraus
und rahme sie
in duftenden Blumenfarben
und in farbigen Blumendüften ein
und verkitte sie
mit meiner Liebe.

SUCHE

Wie oft
muss ich mich häuten,
um mich sichtbar zu machen?

Wie viele Sprachen
muss ich noch lernen,
um gehört zu werden?

Wie viele Leben
muss ich leben,
um dich zu finden?

GESCHENK I

Die zarte, junge Stille
umarmt mich
durchsichtig
und
vergisst
ihren jungen, zarten Hauch
auf meine müden Lidern.

GESCHENK II

Ich höre
den Regentropfen fallen,
dessen Gewicht
mich erdrückt,
dessen Farblosigkeit
mich erblinden lässt,
dessen Lärm
mich ertauben lässt,
doch
dessen Schönheit
mich
bezaubert
und
schreiben
lässt.

WIE OFT

Wie oft
muss ich die Zeit
kämmen,
durchkämmen,
auskämmen,
bis sie wieder
zu meinem Gesicht
passt?

GEFUNDEN

Dein Gang
durchbricht
meinen Raum.

Dein Blick
verrückt
meine Träume.

Deine Stimme
schmilzt
meine Zweifel.

Deine Liebe
taut
meine Sprache
und
meine Welt
auf.

HAB UND GUT

Ich habe
nichts
als meine Buchstaben,
und
die verstecke ich
unter meiner Haut,
damit sie
mir niemand
wegnehmen kann.

Sie müssen noch
wachsen,
ich trage noch
ihr Sorgerecht.
Aber bald
sind sie volljährig
und
können fliegen,
hoch fliegen
und ihren Weg
allein finden.

SANDUHR I

Die Sanduhr zählt
die Sekunden,
diese halten
und
liebkosen
den Sand
im Fall.

SANDUHR II

Die Zeit,
die von den rosigen Ecken
unserer Liebe
abtropft
und
mein Lidaufschlag,
der das Fallen auffangen will
und doch
zu spät kommt.

BASEL

Es roch nach Frühling
und Jugend.
Ein Sonnenstrahl
durchschnitt
den Himmel
und
ihre Angst.

Nach zwanzig Sommern
standen sie sich
wie angewurzelt
gegenüber.

Er umarmte sie
mit all der Schwere seiner Liebe.
Sie umarmte ihn
mit all der Leichtigkeit ihrer Sehnsucht.
Und beide
umarmten sich
so stark,
dass der Himmel
vor Freude
errötete
und
unter der Last
ihres Glücks
zersprang.

WEGGANG

Dein Weggehen
trage ich unter meiner Haut,
die alt und faltig wird.

Dein Weggehen
spüre ich in meinen Knochen,
die schwer und gebrechlich werden.

Dein Weggehen
verstaue ich unter meiner Zunge,
die müde und stumm wird.

Dein Weggehen
verstecke ich in meinem Herzen,
das
klein und kleiner,
gläsern und gläserner
wird.

BUCHSTABENMEER

Meine einsamen Buchstaben
band ich mit einem singenden
Seidenhauch
fest,
damit sie in meiner Hand
nicht verschmelzen.

Sie sind hoch geflogen,
oft viel zu hoch.
Sie haben den Himmel
angekratzt
und
sich die Flügel verbrannt.

Morgens erwache
ich in meinem Buchstabenmeer
weit
über Grenzen.

SCHLAFLIED

Der butterblumengelbe Tag
legt sein müdes Haupt
auf die Schulter
des rotverbrannten Abends.
Dieser streckt seine knorrigen Finger aus
und
streift die farblose Traurigkeit
von den alten und neuen Dächern ab
und
wiegt die gähnenden Häuser
in den Schlaf hinein.

AUSLEIHE

Wieder mal
leihe ich mir
eine Hand voll
milchiges Mondlicht aus,
das ich
durch den Fensterrahmen
ziehe
und auf dem Tisch
absetze,
um dann
die laute Traurigkeit
der Wände
zu übertünchen.

LEBEN UND TOD

Der Morgentau,
geboren aus den Tränen
der sterbenden Nacht,
legt sich
wieder mal
gedankenlos und zerstreut
auf meine noch
schlafenden Blumen,
um einige zu liebkosen
und
andere wiederum
zu ertränken.

SIEG

Ein frischer Morgen,
der nur aus Blau
aus Himmelsblau,
aus Blumenduft
und
einem Zipfel Glück
besteht
und die dunkle Nacht
mit einem Lächeln
auflöst.

GESCHENK III

Nimm
meine Buchstaben
mit
und leg sie
auf deine unsichtbare Wunde.
Sie werden dich
erwärmen
und
heilen.

FRÜHLINGSATEM

Die verspielte Frühlingssonne
streichelt zart die Erde
und
strickt ihr Herz
in die Bäume ein
und
streicht sie
mit viel Mut
grün an.

Plötzlich hält sie
kurz inne,
um den Himmel
nicht zu stören,
damit dieser die Wolken
nach ihren Träumen
weiter ordnen kann.

ABSCHIED I

für AB

Dein Leben
rieselt leise
vom Körper ab,
wie der vor der Tür
vergessene Winter.

Dein letzter Hauch
zerbröselt
lautlos.
Ich hebe die Brösel auf
und nähe sie zusammen,
doch der Faden ist
zu kurz
und
schmilzt
unter meiner Träne.

ABSCHIED II

für AB

Der seidige Himmel
wirft wieder mal
sein altes,
mit Hoffnung und Tränen
durchtränktes Netz aus.
Seine knorpeligen, gierigen
Fangarme
durchbohren
unsere hilflose Liebe
und Stille
und
ziehen
deine unendlich große,
gläserne Seele hoch.

WARUM I

Warum
zerfasert,
zerfledert,
zerfällt
mein Herz
immer wieder?

Warum kannst du
es nicht binden,
anbinden,
festbinden,
zubinden?
Damit
es nicht immer
so rastlos,
so ziellos,
so herzlos,
und
heimatlos
wegläuft.

WARUM II

Unsere Liebe war mal groß,
sehr groß,
das Land war nicht groß genug,
das Meer war nicht tief genug,
der Himmel war nicht blau genug.

Sie war überall.
Heute ist sie aber müde
und zwischen unseren Träumen
steckengeblieben
und hat sich verschluckt
und uns auch.

STILLSTAND

Der Tag schweigt,
die Sonne schweigt,
der Himmel schweigt,
der Berg schweigt.

Nur die Zeit tropft
und tropft
müde
von mir ab und
bleibt
plötzlich stehen.
Sie zerrinnt und
überzieht alles
mit ihrer Haut.

Und sie tropft
und
tropft und tropft.

PARIS

Dein brennendes Notre-Dame,
deine verwundete Seele.

Deine singenden Straßen
mit Piafs Chansons.

Deine weinende Seine
mit Celans Silben.

Deine lachenden Parks
mit Rodens Kuss.

Dein stolzes Montmartre
mit den bunten Künstlern.

Deine brennende,
deine singende,
deine weinende,
deine lachende,
deine stolze
Sprache.

HERBST

Es regnet grau
aus einem Himmel,
der seine Wut und Gier
auf die Erde stülpt.
Leicht und tanzend
fegt der Herbst über die Wiesen,
raubt
den Bäumen ihre Blätter,
den Blumen ihre Farben,
der Erde ihren Geruch.
Er will alles mitnehmen:
die letzte Wärme der Furche,
das letzte Lied der Lerche,
die letzte Umarmung der Liebenden,
um sich dann auszubreiten
und sich mit dem ganzen Glück
des Sommers zuzudecken.

WINTER I

Der schale Mond klopft
Pfähle aus Einsamkeit
um meine Augen.

Der neue Schnee bleicht
meine Traurigkeit aus.

Ich stehe am Fenster
und träume mich
in den Frühling
hinein.

FRÜHLING

Die Köpfe der Schneeglöckchen
befreien sich
von der Last des Winters.

Der Wald bettelt
um mehr Farbe und Licht,
die frisch Verliebten
um mehr Wärme und Liebe.

Die verspielte Sonne
streichelt zart die Erde,
stickt ihre Träume
in die Blumen und Bäume ein
und
küsst mich wach.

CORONA

Diebisch schlich sich
die Krankheit ein,
zuerst unter den Teppich,
dann unter unsere Haut
und zuletzt unter unseren Träumen.
Ausgehungert fraß sie
alle unsere Vorräte
an Versprechen,
an Liebe,
an morgen
auf.
Sie wuchs und wuchs,
sie wucherte und wucherte
überall und erbarmungslos,
überwucherte uns,
und unsere Liebe.

TEKTONISCHE VERSCHIEBUNG

In diesem Haus dehnt
sich die Liebe
wie die Sonne
auf dem Mohnfeld aus.

Die Wände sind
aus bunten Glasbuchstaben,
die Fenster
aus lauten Frühlingsfarben.

Meine Traurigkeit fällt
in sich zusammen,
sie verschiebt sich
in mir
wie tektonische Platten.
Ich weiß nicht mehr,
wo sie aufhört
und
wo ich anfange.

QUARANTÄNE

Meine Buchstaben sind
allein und einsam.
Sie hüpfen schnell
noch an die frische Luft.
Sie umarmen sich,
sie liebkosen sich,
sie versprechen sich,
sie verabschieden sich,
weil morgen die Ausgangssperre
wieder beginnt.

SCHATTEN

Warum
ist der Schatten
beim Abschied
immer
schwerer,
länger,
trauriger
als beim Kennenlernen?

BITTE

Sie schabte und schabte.
Sie schabte am Himmel,
hoffend,
dass er weicher wird
und sich ihrer erbarmt,
dass er durchsichtiger wird
und die Sonne durchlässt,
damit sie ihre Wünsche
auftaut und freigibt,
damit sie ihre alternde Haut glättet
und mit Frühling überzieht.

WINTER II

Der Winter hämmert
Nägel aus Schneeflocken,
um unser Haus
mit all seinen Träumen
und Geschichten
zusammenzuhalten
und
unsere Liebe
mit all ihren Träumen
und Geschichten
zuzunageln,
bis der Frühling kommt.

WIEDERSEHEN II

Sie begegnen sich
am Flughafen
nach zwanzig Sommern,
nach zwanzig Wintern.

Er versteckt seine Liebe,
immer noch die große,
die seines Lebens,
hinter seinem Atem
und streckt ungeschickt
seine Arme nach ihr aus.
Er faltet seine Worte
wie eine Serviette
und verstaut sie tief
in der Manteltasche.
Sie steht lächelnd vor ihm
und pendelt ihr Gleichgewicht
mit einer leichten Umarmung
ein.

Beide lächeln, halten sich fest
und kratzen die übriggebliebene Liebe
ab.
Farbsplitter fallen laut ab,
beide stolpern darüber
und
brechen sich wieder mal leise
ihr Herz.

EXIL

Der mutterlose Herbstwind
sucht barfuß
auf Zehenspitzen
meinen sonnigen Schatten
und mein feines Knochengerüst,
um zu überwintern.

HIMMELSLEITER

Ich webe dir
ein stählernes Gerüst
aus bunten Rosenblättern
und nagle den Sommerduft
an den Farben fest.

Ich flechte dir
eine Sonnenleiter aus Farben
und
ein Flügelseil aus Licht,
damit du den Himmel
berührst.

GEFUNDEN

Der kinderlose Himmel
wirft wieder mal gierig
sein geliehenes Fischernetz
aus
und fängt meine Buchstaben
ein.

Mein lautes Flehen
wird von seinem Blau
verschluckt.

Aber mein Atem
küsst das Geflecht weich:
meine Worte fallen
durch
und finden mich
wieder.

SONNENFLUT

Meine schwachen Silben
spannen einen leisen Bogen,
zerbröseln die bunte
Sommerluft
und
fliegen zu dir.

EIN STÜCK HIMMEL

Du schneidest
mir eine Scheibe
Himmel ab
und
packst sie mir
in Zeitungspapier ein,
damit ich
während meiner
langen Zugfahrt
nicht verhungere.

ZÄRTLICHKEIT

Meine jahrhundertealte
Einsamkeit
zerbricht
lautlos
unter dem Lärm
deines Streichelns.

SCHNEE

Der erste Schnee
streckt sich weiß,
jungfräulich aus.

Leicht, lautlos und
behutsam
setzt er sich auf
unser Dach,
beschützt es
mit seiner dünnen Haut
vor Rissen
und uns
vor Kälte.

Die Flocken
tanzen ausgelassen
auf unseren Träumen,
rutschen ab und zu mal
aus.

Sie spüren den nahen
Frühling
in ihren Flügeln
und kitten schnell noch
unsere Liebe
zusammen.

RHYTHMUS

Ich ziehe die Zeit
bis auf ihre Knochen aus
und
spiele auf ihren Rippen
Samba, Tango,
Bosa Nova.

GESCHENK

Die Buchstaben
gehören nicht mir.

Sie gehören der Sonne,
die sie wärmt und heilt.

Sie gehören dem Wind,
der sie fliegen und singen lehrt.

Sie gehören dem Meer,
das sie ernährt und tauchen lehrt.

Sie gehören der Erde,
die sie auffängt und wachsen lässt.

Ich aber schenke sie dir,
sie sollen dich tragen und beschützen.

ABSCHIED

Ich falte leise unsere
Zeiten zusammen,
die guten wie
die schlechten,
und
binde sie mit einem
zarten Rosenduft
fest.

SEILTÄNZER

Ich schmiede dir
ein zartes Seil
aus Freiheit,
damit deine Tänze
Wurzeln fangen.

Ich knote dir
ein Netz aus Tränen,
das dich
immer
auffängt.

RITUAL

Der bleifarbene Himmel
streichelt und liebkost
den ersten Schnee,
nachdem er den Herbst
zerstückelt
und
geschluckt hat.

WINTERWIND

Ein beißender Wind
färbt milchglasig den Neuschnee,
breitet ihn mütterlich über
das Land aus,
glättet ihn mit stolzer Sorgfalt,
befestigt ihn mit alten Träumen,
klopft Pfähle aus tiefgefrorener Einsamkeit,
umzingelt ihn mit einem
zarten Hauch
aus Schweigen.

ÜBERMUT

Mein Leben schlägt
leise Räder
und
laute Luftwurzeln.

Ich binde es mit
einem bunten Strohhalm
fest.

ABFALL

Die herrenlose Nacht
zersägt
den atemlosen Himmel
und
seine Späne legen sich
friedlich
auf meine bleiernen
Lider.

WER

Wer hat mich vergessen?
Wer hat vergessen,
meine Seele zu gebären?

Wer war so zerstreut
und hat mir eine alte geliehen
und mir diese
noch dazu
falsch eingenäht?

STILLE LIEBE

Ich trage dich
mit meinen bunten Buchstaben.

Ich beschütze dich
mit meiner himmelblauen Tinte.

Ich umarme dich
mit meinen fragilen Zeilen.

Ich liebe dich
mit der unendlichen Stille
des weißen Papiers.

STAU

Meine Einsamkeit
rieselt und rieselt
von meinem sonnengegerbten,
faltenreichen Gesicht.

Sie stolpert
und bleibt stumm
im Morgentau stecken.

FALL

Der Mond zerbröselt
unter meinen Augen.

Seine Sichel klebt
an meinen Fingern.

Und seine Traurigkeit
perlt lautlos ab.

TANZ

Die leichten, singenden Schneeflocken
umarmen liebevoll
die roten, schweren Beeren,
damit sie nicht erfrieren.
Aus ihnen wachsen stolze
Eisblumen
mit langen Fingern und Zungen,
die sich ihre Geschichten
erzählen,
bis der Frühling kommt.

FLUG

Meine liebesgetränkten Silben
spannen einen sanften,
weiten Bogen
und fliegen
zu dir.

Die Autorin

Karin Meszner wurde 1955 in Temeschburg/ Rumänien in einer deutschen Familie geboren. Komplexe, tiefgründige Sprache hat sie schon früh fasziniert und im Alter von 15 Jahren verfasste sie bereits erste Gedichte, die in ihrer Schülerzeitung veröffentlicht wurden, an der auch die spätere Nobelpreisträgerin Herta Müller mitgewirkt hat. Sie studierte Germanistik und Romanistik und widmete sich ihrer Leidenschaft für Sprache, indem sie über 30 Jahre als Übersetzerin und Dozentin in der Erwachsenenbildung tätig war. Heute arbeitet und lebt Karin Meszner in Süddeutschland und bleibt ihrer Freude an Sprache, die Herzen zum Tanzen bringt, weiterhin treu.